Un lenguaje para emprender

José Gregorio Silva

Un lenguaje para emprender

José Gregorio Silva
cheo@ula.ve

Un lenguaje para emprender
Primera Edición, Mérida, Diciembre 2007
Segunda Revisión, Mérida, Diciembre 2009
Ver. 1.0.3d

José Gregorio Silva
cheo@ula.ve

Diagramación y portada: América Silva

Contenido

Agradecimientos

Agradecemos aquí a todos los que nos han acompañado en nuestras aventuras de emprendimiento. Especialmente a Angelo, Esteban, Fernando, Mary Carmen, nuestros compañeros de la Corporación Parque Tecnológico de Mérida y numerosos amigos con quienes en los últimos años hemos venido conversando y profundizando sobre estos temas.

Nuestra formación y deformación docente y de comunicador nos ha invitado a escribir estas líneas con la idea de que algunos textos escritos pueden estimular en otras personas y espacios el desarrollo de conversaciones sobre el emprendimiento que les pueden resultar tan útiles y prácticas como para nosotros lo han sido.

Como escritores de las presentes líneas, no nos atribuimos en forma alguna autoría de conceptos que han crecido en múltiples conversaciones en las que hemos participado como uno más. Agradecemos a nuestros amigos citados arriba los espacios de reflexión y conversación que creamos juntos y que nos enriquecen a todos. Las siguientes líneas pretenden sólo agregar otra vía de expresión para espacios conversacionales, y están escritas con la intención de comunicar reflexiones colectivas a nuevas generaciones de emprendedores interesados como nosotros en mejorar el mundo en que vivimos.

Un lenguaje para emprender v 1.0.3d

Introducción

Durante los últimos años hemos estado apoyando a organizaciones y personas en la tarea de desarrollar sus emprendimientos. En ese proceso es mucho lo que hemos aprendido y queremos aquí transmitir una parte pequeña, pero crucial, de este aprendizaje.

El punto concreto tiene que ver con la importancia de manejar un lenguaje que abra las puertas a distinciones que son claves tanto para realizar emprendimientos exitosos como para transformar emprendimientos en marcha. Tiene que ver también con un cambio cultural que nos exige el contexto en el que actualmente nos movemos los emprendedores: Los últimos años son elocuentes presentando como las redes humanas son decisivas en la producción y el acceso a la información y el conocimiento y como éstos son componentes esenciales para el desarrollo de emprendimientos exitosos.

Ciertas distinciones de lenguaje pueden ayudar al éxito del emprendimiento.

Este trabajo no es teoría que busca su aplicación. No exponemos tampoco conocimiento "*empírico*" o un testimonio sin ninguna elaboración teórica. Intentamos alternativamente expresar un conocimiento vivo, útil para crear y transformar emprendimientos mediante distinciones de lenguaje que nos parecen fundamentales. Continuamos por estos medios sintetizando ideas que se ha ido gestando y estructurando en conversaciones y reflexiones con emprendedores, un conocimiento del tipo que nace aplicado con la intención de mejorar la comprensión de lo que se hace.

Hemos escrito estas líneas para emprendedores y colaboradores con la esperanza de que a todos ellos les sea útil la síntesis que aquí presentamos. En una interacción de más de dos décadas en distintos tipos de proyectos nos hemos dado cuenta que la pasión del emprendedor en la creación de nuevas realidades se potencia cuando se dispone de un lenguaje que facilita su actividad transformadora.

Nótese que el material se distribuye con una licencia de Creative Commons, por la que la reproducción total y parcial está permitida, con solo citar la fuente, un tipo de expresión que cada vez adquiere más fuerza entre los que creemos en la importancia que tiene el estímulo consciente a la cultura de redes abiertas.

Una distinción fundamental

Cuando un emprendedor se inicia muchas veces busca ayuda y recibe un mensaje equivocado donde se confunden cuatro conceptos que le convendría distinguir: organización, empresa, producto y marca.

En repetidas ocasiones, bienintencionadas consultorías empresariales (profesionales o *ad-hoc*) le explican como *organizarse como* una empresa, una cooperativa o una asociación civil sin ayudarle a distinguir dos importantes conceptos que deberían manejarse en forma claramente separada: organización y figura jurídica.

La ausencia de un lenguaje adecuado puede entrabar el emprendimiento.

También se apoya muchas veces la creación de una empresa para fabricar el producto, confundiendo el producto con la marca y, a veces, incluso con demasiada frecuencia, con la propia empresa y hasta con la organización. Nada de esto ayuda. Por el contrario, la ausencia de un lenguaje adecuado entraba el emprendimiento.

La primera distinción fundamental para un emprendedor es que organización, figura jurídica, producto y marca son conceptos diferentes.

La primera distinción fundamental que debe tener un emprendedor es que organización, figura jurídica, producto y marca son conceptos diferentes, que se vinculan en una visión, en un sentido de misión, de responsabilidad, de estrategia de proyecto y en una práctica cotidiana, pero que, desde el principio hasta el final, son cosas diferentes, por lo que confundirlas, colapsarlas intelectualmente, no ayuda en nada, sólo complica y dificulta el quehacer diario, alejando inadvertidamente el éxito.

En el capítulo que sigue trabajamos con estas distinciones para luego entrar en importantes temas ligados a los modelos de organización y a la creación de valor.

Organización, Figura Jurídica, Producto y Marca

Como se señaló arriba, el título de este capítulo establece un espacio de distinción fundamental que mientras antes las tenga clara un emprendedor mejor, por lo que no dudamos el comenzar la conversación por aquí:

Organización

Una organización es una manera de relacionarse entre personas que persiguen fines comunes. Para estas personas es clave lo que comparten como sueño, como aspiración, como visión, porque esto guía sus conversaciones.

Normalmente en una organización hay un sentido de misión, explícito o implícito. Las personas sienten que deben hacer algo y que ese algo está relacionado con esa visión o sueño que comparten. En forma muy importante, estas personas se relacionan para que las actividades, que unos y otros realizan, se sumen para avanzar en el corto plazo, pero sobre todo, en el mediano y largo plazo, aportando el resultado de su trabajo individual como contribución en el camino para el fin colectivo.

Para los miembros de una organización lo que se comparte como sueño, como aspiración, como visión, guía sus conversaciones.

Cuando una organización crece normalmente establece normas que guían su hacer colectivo. Estas normas puede ser explícitas, escritas, o pueden ser transmitidas a través de prácticas de conductas y ejemplos vivenciales que las llevan implícitas. Las organizaciones pueden ser verticales o jerárquicas y horizontales o planas. Pueden ser basadas en muchas vías de conversación e interacción o en pocas vías de comunicación. Pueden ser muy formales o muy informales. En fin, hay muchos tipos de organizaciones.

Sobre modelos de organización hablamos en el siguiente capítulo. Por ahora, la distinción importante es que no debe confundirse el concepto de organización con el de figura jurídica, aunque muchas veces las organizaciones expresen su existencia, en forma total o parcial, a través de una (o varias) figuras jurídicas en las cuales sus nombres denotan coincidencia.

Las personas pueden ser miembros de una organización, pueden trabajar en ella, pero no son sus empleados. La responsabilidad en una organización no es un nexo jurídico.

La responsabilidad en una organización no es un nexo jurídico.

Figura jurídica
Una figura jurídica es una entidad que explícitamente se registra legalmente ante las correspondientes instituciones de un país y de un municipio y que por tanto contrae legalmente compromisos, deberes y derechos a nivel local, nacional y eventualmente regional o internacional.

Una figura jurídica puede ser una empresa, una asociación civil, una cooperativa, puede tener o no fines de lucro. Según el tipo de figura jurídica su registro se hará legalmente ante una instancia pública o ante otra.

Según el registro del documento de constitución la figura jurídica tiene fines explícitos que pueden ser amplios o focalizados. El documento de constitución y las leyes y normas sociales que rigen para el tipo de figura jurídica establecen limitaciones a lo que ésta puede hacer, obligaciones legales, tributarias, etc.

Las figuras jurídicas son sólo instrumentos de expresión de las organizaciones para ciertos tipos de interacciones sociales.

Es común que una organización decida crear una o varias figuras jurídicas. Si así lo hace, la organización expresamente se obliga a actuar consistentemente a través de la o las figuras jurídicas creadas. Pero no debe confundirse la organización con la figura jurídica. Una organización puede, en su desarrollo, crear nuevas figuras jurídicas o eliminar figuras existentes. Puede también expresarse a través de la acción de las personas naturales que la integran. Al fin de cuentas, bien se trate de empresas, fundaciones, cooperativas o cualquier otra figura, éstas son sólo instrumentos para ciertos tipos de interacciones sociales.

Por ejemplo, una organización puede crear una compañía anónima como un instrumento para facilitar la prestación de cierto tipo de servicios en ciertos contextos técnicos, locales, nacionales, regionales, internacionales.

Siguiendo en estas ideas, es fácil entender que una organización que lo necesite, puede crear una, dos o más figuras jurídicas, e, incluso, no crear ninguna, si tal creación le resulta inconveniente o innecesario.

Lo importante es darse cuenta que la manera de trabajar es muy diferente si uno piensa, por ejemplo, que se trata de dos o más organizaciones o si uno piensa que la organización es sólo una y los vehículos de expresión legal dos o más.

Producto

Las organizaciones normalmente crean productos. Estos pueden ser bienes o servicios y pueden o no venderse, intercambiarse, donarse o regalarse. Independientemente de ello estos productos pueden o no ser adecuados a sus fines, poseer o no calidad para sus usuarios, ser muy técnicos o no, muy estandarizados o no, exitosos o no.

Los productos marcan la huella de la actividad de la organización. Una organización puede hacer unos productos con una figura jurídica y otros con otra figura jurídica. Puede también desarrollar un producto en el que participen varias figuras jurídicas.

Los productos pueden ser bienes o servicios, venderse o no, pero en cualquier caso, marcan la huella de la organización en la sociedad.

Todo producto tiene un ciclo de vida: los productos se crean, se desarrollan, se fortalecen y mueren en el tiempo. Una organización podría crearse para desarrollar un producto, pero normalmente, una organización es más que un equipo de desarrollo de un único producto, incluso si hacer este producto es la tarea principal que se realiza en la organización.

El pensar los conceptos de esta manera, distinguiendo la organización del producto, hace a las organizaciones trascender los bienes, servicios o experiencias que desarrolla. Por el contrario, supeditar una organización a un producto hace que el ciclo de vida del producto sea el de la organización.

Marca

Una marca es un recuerdo vivo que se aloja dentro de nosotros asociado a ciertas ideas de calidad, de producto, de satisfacción o insatisfacción.

Los productos cuando son exitosos, crean una imagen que tiende a grabarse en la emocionalidad y el intelecto de los que lo usan. Esta imagen es un recuerdo vivo que crea una marca que tiende a permanecer y a trasmitir un mensaje más extenso que el del producto con que esta marca se crea o el de la organización que está detrás. Por eso, las organizaciones que crean buenos productos crean marcas que tienen un valor que trasciende al valor de su capacidad de producir ciertos productos.

Una marca es un recuerdo vivo que se aloja dentro de nosotros asociado a ciertas ideas de calidad, de experiencia, de satisfacción o insatisfacción ante lo que viene o puede venir detrás de las ideas que transmite.

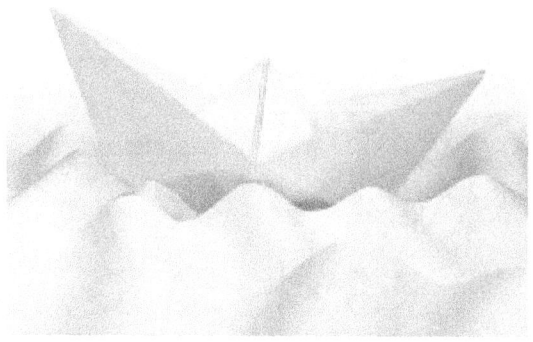

Si bien las marcas se crean y desarrollan por medio de productos, las marcas trascienden a los productos con los que nacen o se desarrollan, las figuras jurídicas por las que se expresan las organizaciones y las propias organizaciones que crean unas y otros.

Las marcas suelen ser mucho más longevas y valiosas que los productos que las soportan o soportaron hasta el presente y pueden vivir con alguna independencia a las organizaciones que las crearon.

Esto no significa que no pueda conscientemente desarrollarse en forma conjunta o bajo la misma denominación la organización y la marca, o el producto y la marca, o que la separación sea condición necesaria para el éxito. Simplemente expresa que es conveniente la distinción conceptual y que el independizar a la organización y a la marca genera más flexibilidad de movimiento tanto para promover la marca como para desarrollar la organización y sus productos.

Legalmente, el registro del nombre de una figura jurídica es independiente del registro de una marca.

Modelos de organización

Las organizaciones pueden ser de muchas formas y colores. Pero no cualquier organización sirve para cualquier propósito, por lo que es muy importante saber si estamos construyendo organizaciones que nos están ayudando a nuestros fines o si por el contrario, las organizaciones que estamos construyendo nos están dificultando llegar o dirigirnos adonde queremos llegar.

o cualquier organización sirve para cualquier propósito.

Los modelos tradicionales

Las organizaciones tradicionales suelen ser organizaciones jerárquicas, con una estructura relativamente rígida representada en un organigrama que expresa relaciones de supeditación y de autoridad y eventual o alternativamente relaciones funcionales. En estas organizaciones las personas suelen "habitar" en espacios que se separan de otros espacios de organización a través de varios niveles jerárquicos. Por eso es común que en este tipo de organizaciones sea complicado poder hablar con personas que están muy alejadas en el organigrama y la rigidez del esquema de relaciones humanas tiende a traducirse en una rigidez que le dificulta a la organización la mejora continua, porque para mejorar hace falta capacidad de cambiar. No es fácil mejorar estructuralmente organizaciones en las que los organigramas están muy establecidos.

Los organigramas suelen representar jerarquía y funcionalidad, pero de un modo natural transportan rigidez.

Ante la rigidez y la inoperancia de las relaciones jerárquicas han evolucionado distintos modelos de organización. Uno de ellos es el *modelo matricial*, en el cual cada instancia de la organización se comunica o "reporta" a los otros niveles a través de varias vías. Una de ellas puede coincidir con la que le correspondería en un modelo jerárquico tradicional, pero otras están mas basadas en necesidades funcionales y de coordinación complementarias y paralelas.

El modelo matricial establece de un modo natural más caminos de comunicación y colaboración por lo que las organizaciones matriciales funcionan mejor, con más eficiencia que las jerárquicas, pero aún en ellas no resulta fácil la evolución, la transformación, las mejoras sustantivas o las respuestas dinámicas.

Una organización matricial es normalmente más eficiente que una jerárquica pero no es necesariamente lo suficientemente flexible como para mejorar en forma continua.

La organización matricial es normalmente más eficiente que una jerárquica pero no es necesariamente flexible.

Se habla de organizaciones planas cuando existen pocos niveles jerárquicos en una organización. Normalmente, en una *organización plana* no hay más de tres niveles de autoridad entre una caja y otra por lo que siempre cualquier instancia o persona resulta accesible a la hora de conversar, plantear críticas, mejoras, soluciones, cambios o reflexiones. Mientras más plana es una organización suele ser más fácil la comunicación *intraorganización* y su capacidad de respuesta.

Pocos niveles jerárquicos no implican ilimitada capacidad de comunicación: en ocasiones se forman estructuras tipo estrella donde muchas partes tienen comunicación frecuente con una persona, grupo o equipo situado en el centro, pero donde existe poca interacción entre las personas, grupos y equipos en la periferia de la organización. Lamentablemente es el caso de muchas pequeñas organizaciones en las que aunque la organización sea plana, la comunicación es escasa.

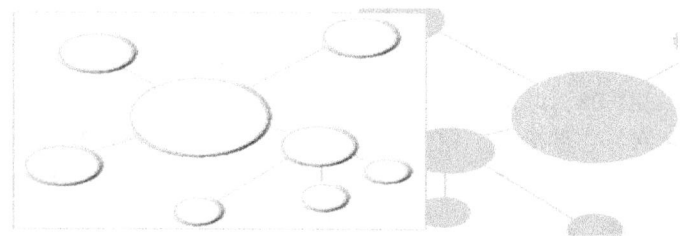

También se dan casos de organizaciones aplanadas que funcionan con modelos de archipiélagos, es decir, islas separadas donde en aislamiento de algunos sectores hace que las conversaciones en la organización no fluyan adecuadamente.

El modelo de red
Cuando se trata de facilitar la comunicación, los cambios, las interacciones y obtener puntos óptimos entre colaboración y autonomía, entre facilidades para sumar esfuerzos y facilidades para tomar decisiones en forma ágil, el modelo de red es indudablemente una práctica que equilibra soluciones y satisfacción de necesidades que a veces aparentan ser contradictorias.

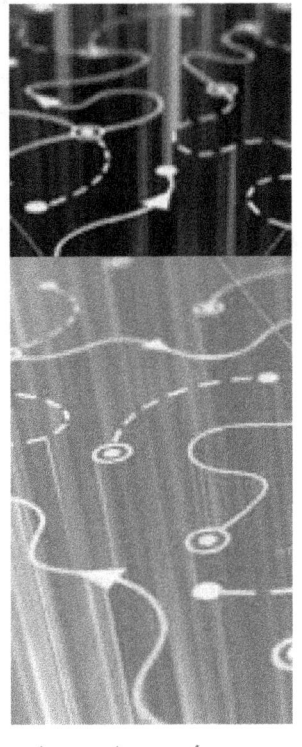

En un modelo de red la organización se piensa a si misma como una integración de nodos que tienen autonomía en una forma significativa, pero que combinan conscientemente esta autonomía con una alta capacidad y necesidad de interacción. Los nodos tienen conciencia de que pueden hacer muchas cosas con independencia, basándose en el conocimiento que manejan, pero que pueden enriquecer lo que hacen, lo que crean y lo que desarrollan con la ayuda y la interacción cercana con los otros nodos de la organización que están involucrados en cada situación que se desea resolver.

En una organización de red los nodos combinan la autonomía con una alta capacidad y necesidad de interacción.

Los nodos de una organización en red tienen necesidad de interacción y la práctica de desarrollarla cotidianamente, en forma consciente, les da capacidad de construir nuevas interacciones con agilidad.

Cada nodo, puede, en principio, interactuar con cualquier otro nodo en relaciones que son de comunicación y de conversación más que jerárquicas, y donde por definición hay un respeto implícito a la especialización u aporte que cada nodo suma a la red.

Lo interesante es que las comunicaciones en la red no son un accidente, sino un acto volitivo motivado en una necesidad de coordinación o de superación.

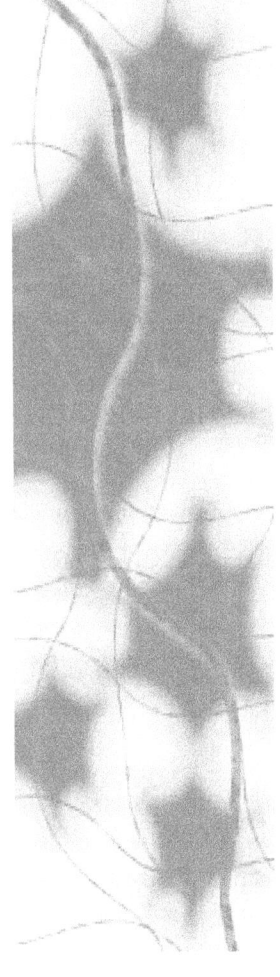

Por definición, cualquier nodo puede coordinar interacciones con otros nodos y por eso una organización en red no responde a organigramas, ni siquiera matriciales. En cierta forma los nodos actúan como las neuronas de la inteligencia colectiva de la organización. Mientras más sinapsis o comunicación entre neuronas, habrá más interdependencia y posibilidades de enriquecer el conocimiento de la organización y mayor será la capacidad de crear nuevos productos y mejorar, en general, el resultado de las actividades.

Cada nodo que se agrega a una red añade, más allá de las capacidades del nodo, capacidades de interacción que enriquecen significativamente la red. Por eso el resultado de una red es mucho más que la suma de las capacidades de los nodos.

U
na red es más que la suma de los nodos. Mientras más sinapsis más conocimiento útil.

Modelos de red, conciencia y responsabilidad

Hay una relación entre los modelos de organización y la conciencia y la responsabilidad en el interior de la organización.

Un modelo de red exige una organización donde las personas y los nodos tienen una alta conciencia de sus roles personales y colectivos. Con personas que actúan como autómatas, sin criterios propios, sin reflexión, sin capacidades de comunicación, no es posible construir una organización de red. Estas personas podrían funcionar como trabajadores empleados en una organización jerárquica, con líneas de mando, donde las tareas se trasmiten como órdenes más que como explicaciones y conversaciones acerca de propósitos, compromisos y metas.

Un modelo de red exige una organización donde las personas y los nodos tienen una alta conciencia de sus roles personales y colectivos.

Por esta razón la decisión de adoptar un modelo de red es una decisión trascendental que requiere despertar la conciencia de las personas que pertenecen a la organización para que puedan liberar lo mejor de sus aptitudes creadoras, de independencia y de coordinación para habilitar la adopción del nuevo modelo de red y desarrollar los fines comunes de la organización.

Así mismo los modelos de red implican personas responsables, conscientes de que la posibilidad de decidir va apareada con la necesidad de responder por las consecuencias de las decisiones tomadas y que la interacción plantea compromisos y los compromisos se desarrollan con y presuponen a la responsabilidad. De allí que la responsabilidad es un tema de central importancia en las conversaciones de una organización que funciona con un modelo de red, por lo que a ella le dedicamos el siguiente capítulo.

Responsabilidad

El tema de la responsabilidad es un tema importante y, complementando lo mencionado en el cierre del capítulo anterior, sobre la responsabilidad de las personas, trabajamos a continuación dos aspectos: lo que tiene que ver con su aplicación en la organización y en la figura jurídica y el concepto de *Responsabilidad integral*.

La responsabilidad en la organización y en la figura jurídica

La responsabilidad en una organización está normada por sus códigos, explícitos o implícitos de conducta. Se es individual y colectivamente responsable de lo que se hace y de lo que se deja de hacer, en el sentido de que se responde por ello, se rinde cuentas con confianza y

espontaneidad y se está siempre dispuesto a aclarar lo que haga falta sobre lo hecho o lo dejado de hacer.

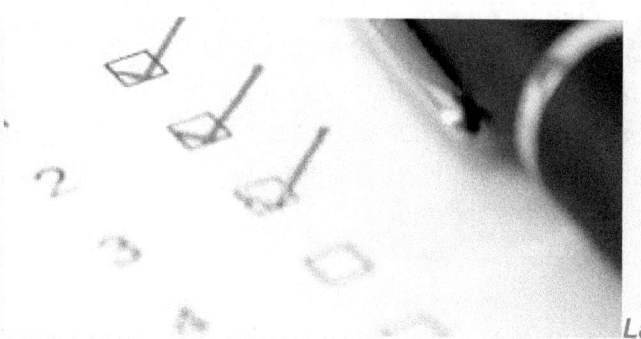

La responsabilidad en una organización está normada por sus códigos, explícitos o implícitos de conducta. En una figura jurídica por acuerdos explícitos, leyes, códigos, estatutos y reglamentos.

Rendir cuentas y asumir responsabilidades son actividades naturales y cotidianas en una organización y esenciales en una organización de red.

La responsabilidad en una figura jurídica está normada por acuerdos explícitos, leyes, códigos, estatutos, reglamentos. Lo que una entidad jurídica hace o deja de hacer puede tener, dentro del ordenamiento legal en que la figura jurídica se enmarca, implicaciones financieras, penales e impositivas, por solo mencionar algunas.

Cuando una organización se expresa a través de figuras jurídicas, es importante que sus miembros valoren las responsabilidades que implica tal expresión y estén dispuestos a asumir, solidariamente, en la responsabilidad de la organización alguna cuota de la responsabilidad de las figuras jurídicas que la expresan.

Para efectos legales la responsabilidad se espera de las personas y de las instancias jurídicas. Una organización, en los términos en que hemos estado trabajando, no tiene existencia directa jurídicamente, pero los códigos de la organización pueden establecer las conexiones entre la responsabilidad de la organización y la responsabilidad de las figuras jurídicas que la expresan.

Responsabilidad integral
Cada vez más se desarrolla en el mundo la conciencia de la importancia de la llamada *Responsabilidad social empresarial*. Esta se relaciona con lo que hace o deja de hacer una empresa para beneficiar su entorno, la comunidad

(local, nacional, regional o internacional) en la que se desenvuelve. Por esta razón las empresas crean unidades orgánicas y/o programas para expresar su responsabilidad social.

Lamentablemente, muchas veces estos programas terminan reduciéndose a actividades complementarias que la empresa realiza fuera del ámbito de sus actividades focales y naturales para expresar en estas actividades complementarias su conciencia de pertenencia a un entorno.

Bajo esta concepción de la responsabilidad social empresarial están, típicamente, las loables actividades de apoyo a sectores sociales vulnerables o con necesidades especiales. Esta manera de pensar y desarrollar acciones de Responsabilidad social empresarial no es mala, pero es estructuralmente débil porque escinde en la organización las áreas focales de las áreas complementarias y  tienden a dejar las actividades de Responsabilidad social empresarial en el grupo de actividades que no son centrales para el desarrollo de la organización, casi independientemente de los deseos de muchos de sus miembros.

Una manera alternativa, más profunda y comprometida, está en el concepto de *Responsabilidad Integral*, bajo el cual todo lo que hace o deja de hacer una empresa u organización se considera que debe evaluarse en su pertinencia social y en su contribución para mejorar en forma sostenible el entorno humano y natural desde un punto de vista ecológico. Esta segunda concepción es mucho más profunda y comprometida porque convierte a la organización en un ente total e integralmente responsable y no deja espacios para desarrollar actividades de responsabilidad dudosa que se compensan más tarde patrocinando total o parcialmente actividades limpias que puedan citarse con orgullo ante el mundo.

Responsabilidad Integral significa que toda la actividad que se hace o deja de hacer debe evaluarse en su pertinencia social y en su contribución para mejorar en forma sostenible el entorno humano y natural desde un punto de vista ecológico

Es claro que lo mejor es que toda la organización sea integralmente responsable y que la responsabilidad no sea un accidente complementario, sino una práctica permanente en todo lo que se hace y deja de hacer. Una organización con responsabilidad integral requiere por tanto individuos responsables ya que no se hace responsabilidad colectiva desde la irresponsabilidad individual.

Una organización de tipo empresarial que funciona con un modelo en red

Después de las distinciones anteriores es posible y relativamente fácil presentar el modelo de *una organización de tipo empresarial* que funciona con un *modelo en red*. La idea de presentar este modelo funcional no es proporcionar una receta,

sino una guía para el *cómo lograrlo*, lo que siempre es útil luego que se tiene decisión y la conciencia sobre *lo que se quiere alcanzar*.

En primer lugar, está la distinción de que nos referimos a una organización de tipo empresarial y no a una empresa. Es decir, la organización desea desarrollar y mercadear productos y para ello crea vehículos de interacción social con la figura de empresa. Puede ser que cree uno sólo de estos "vehículos" o puede que por diversas razones, como por ejemplo, explotar la cercanía a los clientes principales, exenciones impositivas, relaciones interinstitucionales, facilidades para actividades regionales o internacionales, le resulte conveniente crear varias figuras jurídicas. Si éste es el caso, no hay que cambiar el modelo, porque el modelo que usamos incluye la distinción entre organización y figura jurídica y entiende lo que es el ámbito o espacio conceptual de cada una.

Una organización de tipo empresarial no es lo mismo que una empresa.

Entonces la organización crea una o varias figuras jurídicas de tipo empresarial. Define lo que son los productos que desea desarrollar, las marcas que desea promover y los nodos que requiere para funcionar.

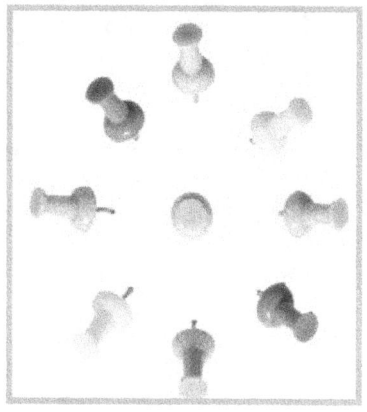

En general, mientras más simple sea una estructura organizativa más simple es entenderla, comunicarla e instrumentalizarla. Si se diseña una organización complicada, ésta resultará más difícil de entender y comunicar y esto la hará más difícil de implantar.

Un esquema básico puede ser un conjunto de nodos que podrían agruparse en cinco categorías como éstas que presentamos a continuación:

- Administración y finanzas
- Producción y calidad
- Negocios
- Estrategia
- Promoción, Mercadeo, Relaciones interinstitucionales

Explicamos los contenidos de este esquema básico.

Administración y finanzas

Toda organización de tipo empresarial requiere de un nodo para llevar la administración y las finanzas. Podrían ser dos nodos separados o pueden fusionarse, para simplificar la estructura, con un único nodo. Lo cierto es que no se puede hacer funcionar una actividad empresarial sin una instancia de administración y sin un manejo financiero.

Pero el nodo de administración y finanzas de una organización que funciona en red es más complejo para implantar que la unidad o departamento de administración de una empresa. En primer lugar debe hacer todo lo que debe hacer el segundo, por ejemplo, llevar la contabilidad con las prácticas comúnmente aceptadas, preparar los estados financieros de la empresa cada vez que se necesite, cumplir con todas las exigencias legales, etc.

Sin embargo, el nodo de administración en una red requiere tener la capacidad de llevar la administración de cada nodo en forma separada, para que la red pueda tener conciencia de lo que significa económicamente el nodo en la organización y para que los líderes e integrantes de cada nodo puedan desarrollar conciencia de sus costos y de su productividad, lo cual es de suma importancia.

El nodo de administración debe también consolidar la administración de cada nodo en una visión integral de administración de la organización. Esto es fundamental para definir estrategias, para tener conciencia del resultado colectivo, para planificar, para mejorar, a nivel de la organización.

Adicionalmente debe llevar la administración de todos los vehículos jurídicos con los que se exprese la organización en su interacción con el medio y esta administración debe cumplir con las pautas legales vigentes a nivel local, nacional, regional e internacional, cuando esto aplique.

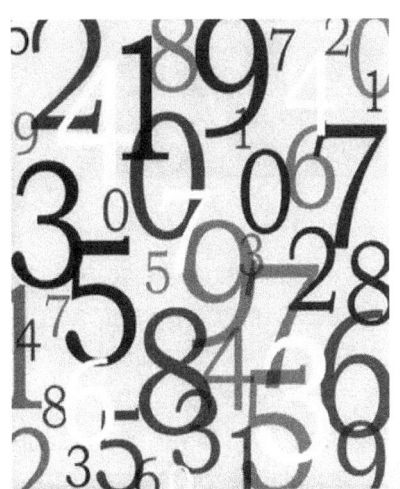

La administración de una red debe poder agregar o desagregar cada ingreso y egreso a nivel de nodo, organización y figura jurídica.

Esta suma de tres tipos de exigencias para administrar a nivel de nodo, a nivel de organización y a nivel de una o varias entidades jurídicas que no se corresponden directamente en su contabilidad con los nodos de la red, hace que la administración de una red sea mucho más difícil que la administración de una empresa porque rinde muchas más cuentas en muchas más instancias y con muchos más niveles de resolución.

Transacciones

Cada transacción de ingreso o egreso en una red debe ser claramente cargada a uno o varios nodos o a la red como conjunto y las reglas para hacer ello deben ser absolutamente transparentes para todos los involucrados. No se puede construir y desarrollar una organización en red sin un nodo de administración eficiente e impecable, con habilidades comunicativas, disciplina, conciencia sobre el modelo y herramientas de trabajo que, habilitadas por su conocimiento, le permitan una capacidad de respuesta adecuada.

Uno de los elementos culturales difíciles al iniciar un modelo de red es que en cada transacción que se realiza y registra debe dilucidarse cuál es el porcentaje del egreso o del ingreso que debe imputarse a los nodos involucrados. Eso puede ser fácil e intuitivo en muchos casos, pero puede resultar difícil o nada trivial en otros tantos. Sin embargo, gran parte del éxito de la administración de una red dependerá de que haya reglas y prácticas claras para ponderar la cuota que le corresponde a los nodos integrantes en cada transacción de ingreso o de egreso. Para efectos legales, contables e impositivos, los nodos de la red son inexistentes. Pero para efectos del cultivo de la responsabilidad, la confianza y la salud de la organización que opera en red la administración transparente y eficiente es de vital importancia.

Bien sea por los ajustes propios del comienzo, por los cambios que nazcan en las evaluaciones hechas por los líderes de los nodos o simplemente por errores humanos, los pesos con que las transacciones administrativas se cargan a los nodos pueden ser mal registrados y es claro que debe existir la capacidad de revertir en cualquier momento transacciones mal registradas, ya que esto ocurrirá en más de una ocasión.

Cierres trimestrales

Una de las condiciones necesarias para que una organización funcione con la capacidad de respuesta adecuada es que la gestión de operaciones y la gestión de administración se lleven al día.

 En el caso de la gestión administrativa los períodos anuales son demasiados largos para hacer correcciones y es fundamental tener la capacidad de hacer cierres trimestrales y de evaluar el resultado de los cierres trimestrales con los de los mismos períodos en el año anterior.

Muchos emprendimientos no llevan su administración lo suficientemente al día como para poder hacer cierres trimestrales. Esto, sin duda, tiene implicaciones que comprometen la capacidad de respuesta estratégica de la organización.

Para el buen funcionamiento de una organización en red es importante no sólo que se hagan los cierres trimestrales, sino que sobre los mismos se tengan siempre conversaciones formales y abiertas en las cuales los miembros de cada nodo puedan ampliar su visión de la situación de la organización como conjunto y en la cual los problemas de desempeño, flujo de caja, prioridades, etc. tengan vías de expresión y solución adecuadas.

Finanzas

Es una decisión importante si las funciones de administración y finanzas en una red se trabajan juntas o separadas y coordinadas, pero lo que sí es claro es que ambas deben existir siempre dentro de la organización en red.

Con más recursos se pueden hacer más cosas, con menos, las dificultades son mayores. Los emprendedores siempre se las arreglan para hacer la mayor cantidad de proyectos con los recursos que disponen o gestionan y saben que algunos proyectos no pueden realizarse si no se dispone, en un momento crítico dado, de una cierta cantidad de recursos.

No importa cuantos recursos se manejen, siempre estos son limitados, siempre hay restricciones y por eso hay que estar consciente que se requiere ocuparse de temas como las finanzas y el flujo de caja.

En los proyectos que involucran desarrollo de productos durante largos períodos de tiempo la gestión del flujo de caja es una competencia clave para los líderes de la organización.

Las finanzas deben trabajar completamente coordinadas con la administración.  Una de las ventajas que se puede tener cuando se opera en un único nodo ambas funciones es que se facilita el manejar el nodo como una unidad productiva en lugar de un centro de costos o, al menos, se facilita la comprensión global del emprendimiento, más allá de la visión excesivamente sectorizada en el registro que es típico en la cultura con que se forman los administradores y que, quizá, de alguna manera es intrínseca a las funciones de su rol.

Producción, gestión de operaciones y calidad

Una organización de tipo empresarial desarrolla productos que se comercializan y esto requiere de nodos que proporcionen a la red la capacidad de producción de los productos, bienes, servicios o experiencias, que la organización vende.

En un esquema muy simplificado puede que haya un único nodo de producción, pero en realidad *Producción, gestión de operaciones y calidad* es una categoría de nodos y en una implantación concreta del modelo es natural que haya tantos nodos de producción y gestión de operaciones como se requieran para atender las necesidades del mercado que se desea satisfacer.

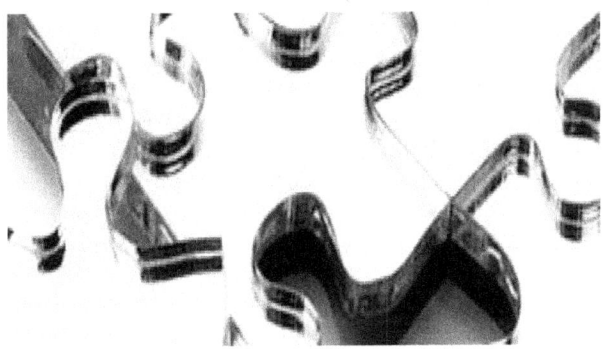

Por otra parte, toda organización que desarrolla productos trabaja con *un cierto nivel* de calidad, en forma *más o menos* consciente. Lo que si es claro es que no se puede producir con un *alto nivel* de calidad en forma *más o menos* consciente. Altos niveles de calidad implican una alta conciencia, una alta interacción con los usuarios y proveedores y un compromiso constante y permanente en el trabajo de asegurar la calidad. Por ello, es muy típico que con la evolución de una red se requiera un nodo responsable de desarrollar el conocimiento y la conciencia del conocimiento sobre la calidad de lo que se produce, así como de extender las prácticas de mejora continua en toda la red.

Altos niveles de calidad implican una alta conciencia, una alta interacción con los usuarios y proveedores y un compromiso permanente en el trabajo de asegurar la calidad.

Negocios

Una organización de tipo empresarial desarrolla productos para vender. Esto implica que se requieren siempre nodos especializados en la función de venta, de desarrollo de oportunidades de negocios y probablemente, en modelos más evolucionados, desarrollo de modelos de negocios que abran nuevos espacios para el trabajo de oportunidades.

La venta es una función especializada que no debe ser subestimada y que requiera planificación, desarrollo, mediciones y mejora. El desarrollo de oportunidades de negocio extiende los mercados para los productos. El desarrollo de nuevos modelos de negocios abre nuevos tipos de mercados en forma estratégica.

La función de ventas incluye el seguimiento de indicadores que generan alertas estratégicas y coyunturales.

En su expresión mínima los equipos de ventas no deben sólo vender, deben hacer seguimiento de la cantidad de ventas que hacen, de la relación entre éstas y la cantidad de oportunidades de negocios que trabajan y deben determinar constantemente si estos indicadores reflejan problemas estructurales, que comprometen estratégicamente a la organización o la viabilidad del modelo de negocios, o coyunturales, que afectan el desempeño en el período reciente de tiempo y que alertan acerca de la necesidad de hacer cambios oportunos.

Estrategia

Una organización responde a una visión, tiene un sentido de misión y unos objetivos estratégicos que marcan o signan sus actividades. Pero lo normal es que a medida que transcurre el tiempo, la organización se haga progresivamente consciente de si misma y que esto la haga evolucionar y revisar cada una de sus piedras fundacionales.

Aún si no hay cambios de fondo en lo que una organización persigue o en como considera que deben ser sus direcciones de trabajo, el entorno siempre cambia. La realidad en que nos movemos es siempre diferente. Como siempre se dice, en una paradoja que el sentido común entiende: "el cambio es permanente" o "lo único constante es el cambio".

Siendo así, motivado por cambios internos, externos o por ambos, las organizaciones necesitan una función especializada de estrategia, que desarrolle conscientemente los modelos para manejar los cambios importantes en su devenir, que establezca propuestas para la maduración de la red y para la sintonización de sus propósitos en las diversas etapas que le toca vivir.

La estrategia permite la mejora cualitativa. Sin estrategia sólo se mejora cuantitativamente.

El equipo de estrategia debe sugerir virajes que ayuden a la organización a mejorar cualitativamente. Sin estrategia sólo se mejora cuantitativamente. En una organización muy pequeña, donde hay sólo una o dos personas definiendo estrategias, es muy importante establecer relaciones de red estimulantes que garanticen el flujo constante y la comunicación de nuevas ideas y modelos. La endogamia intelectual, la conversaciones sobre de las mismas personas sobre las mismas ideas, siempre se agota en un mundo de constantes cambios.

Si se trata de una organización que pretende el desarrollo de productos de innovación, el desarrollo de un nodo de estrategia es clave porque la innovación no nace de la mejora continua, sino del pensamiento de ruptura.

Una práctica que debe considerarse es introducir en el equipo de estrategia personas de talento no ligadas a las operaciones cotidianas ya que esto facilita el introducir perspectivas con elementos que la visión desde la cotidianeidad puede ocultar.

Promoción, Mercadeo, Relaciones interinstitucionales

Una organización de tipo empresarial necesita darse a conocer, al menos en su mercado natural. Pero hay muchas maneras de darse a conocer y lo mejor es que los mensajes que construyamos para que nos conozcan sean mensajes reflexionados que expresen adecuadamente lo que somos, lo que aspiramos, lo que hacemos y lo que queremos hacer.

Es común que la gente siempre se haga una imagen simplificada de cada cosa. Si no nos ocupamos de construir los mensajes que están en la base de las ideas simples que describen nuestra organización, productos, marcas y actividades, la gente terminará haciéndolos sin nuestra ayuda y a partir de allí la consistencia con nuestra visión e intención no está garantizada.

Los mensajes que comunican en forma simple quiénes somos y qué hacemos siempre necesitan construirse. De allí la necesidad de haya en la red un nodo que desarrolle esta consciencia.

Por ello es que normalmente se requiere en toda red un nodo que desarrolle conciencia de las relaciones interinstitucionales, que abra espacios y mercados para nuestros productos, que promueva nuestras marcas, que coloque en un nivel razonable nuestra presencia. Estas funciones pueden desarrollarse con un único nodo o con varios especializados, pero normalmente siempre se necesitan.

Un modelo con el centro en la sinapsis

Se puede notar que el esquema que presentamos que resulta útil tanto en organizaciones con ánimo de lucro como en organizaciones sin fines de lucro y que se trata de una estructura de red, no jerárquica en el que cada nodo tiene igual cantidad de caminos para relacionarse con los demás. Lo que se aprecia en la siguiente representación gráfica:

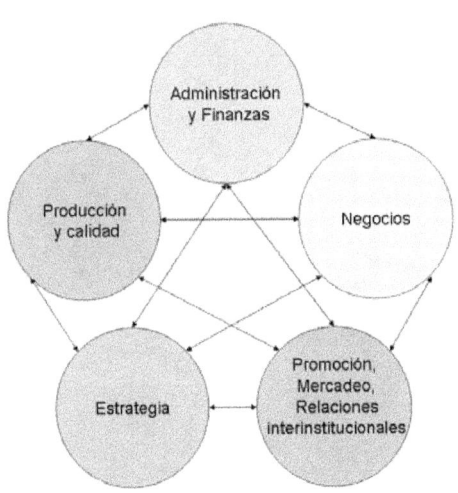

Debe entenderse que, en realidad, se trata de un *metamodelo* que debe instanciarse (crearse en términos particulares) para cada organización en específico. En este proceso de recreación, lo que se representa como un nodo puede convertirse en varios nodos multiplicando las interconexiones. Curiosamente, en el esquema de cinco nodos puede verse dibujada también una organización en estrella, pero esta vez, el centro de la estrella es la sinapsis que comunica los diferentes nodos. También anecdóticamente puede notarse que cinco nodos establecen naturalmente diez canales de comunicación.

Creación de valor

Una organización de tipo empresarial se hace para crear valor. Para desarrollar productos, bienes, servicios y experiencias, que son valorados por sus

usuarios de modo que la organización, a través de figuras jurídicas empresariales, vende los productos del trabajo que se realizan dentro de ella y obtiene ingresos con los que paga sus costos y obtiene beneficios y con ello la posibilidad de hacer retribuciones al esfuerzo realizado.

En lo que sigue exponemos con más detalle las relaciones entre creación de valor y emprendimiento y la importancia que adquiere el problema del modelo de organización para mantener la dinámica de emprendimiento como fuente de la creación de valor, así como para establecer nuevos esquemas de retribución.

Creación de valor y emprendimiento

La creación de valor nace en el emprendimiento. El emprendimiento es la actividad humana que establece maneras de transformar lo que existe y generar productos que son valorados por las personas que los usan y/o necesitan.

Cuando no hay emprendimiento todo tiende a seguir como está, por eso sin emprendimiento no se crea valor.

El emprendimiento genera ideas e iniciativas de transformación y con ello viene la mejora de situaciones. El emprendimiento aporta ideas, desarrolla iniciativas y establece muchas de ellas como prácticas sociales. El emprendimiento promueve iniciativas y logra que estas continúen. Genera prácticas de creación de valor y fuentes de trabajo, es decir, el emprendimiento continúa las iniciativas y establece dinámicas sociales y de trabajo que mantiene las ideas en funcionamiento.

La creación de valor nace en el emprendimiento. El emprendimiento promueve iniciativas y logra que estas continúen.

Emprendimiento, emprendedores y colaboradores

El emprendimiento no es la actividad que hacen los emprendedores. De hecho ese es un error conceptual en el que se cae muchas veces. Los emprendedores no hacen su trabajo solos, siempre requieren de colaboradores y es la dinámica de colaboración que promueven los emprendedores la que transforma la realidad en los nuevos emprendimientos.

Sin la colaboración de otros no hay emprendimiento y por eso los emprendedores requieren de trabajadores que colaboren con ellos.

Los emprendedores no trabajan solos. Trabajan con colaboradores en una dinámica que transforma la realidad a través de los emprendimientos.

El trabajador colaborador de un emprendimiento es alguien que se motiva con el discurso del emprendimiento, con la visión que este trasmite, con el reto que le plantea, con la práctica de transformación que genera y por eso siempre es alguien que encuentra sentido en lo que hace y que persigue fines comunes.

Estas distinciones son importantes para entender las diferencias de comportamiento que muchas veces se dan entre los trabajadores colaboradores de un emprendimiento y los trabajadores empleados en una empresa que opera dentro de un modelo tradicional. Estos últimos hacen su trabajo y en el mejor de los casos se identifican con la empresa y con lo que hacen, pero estructuralmente no se piensan a si mismos como colaboradores activos comprometidos en una aventura de emprendimiento, un nexo que trasciende las fronteras de una relación jurídica.

La diferencia entre un buen trabajador empleado y un buen trabajador colaborador no es la aptitud, sino la actitud

Simplificando (con seguridad excesivamente para fines didácticos), la diferencia entre un buen trabajador empleado y un buen trabajador colaborador no es la aptitud, sino la actitud: el primero es sólo técnicamente impecable, el segundo es integralmente comprometido.

La diferencia entre un colaborador y un emprendedor está relacionada con la actitud y el riesgo: para el emprendedor el riesgo medido es un evento cotidiano y excitante, el fracaso un accidente en el camino y el éxito una etapa que facilita la siguiente. Para el colaborador el riesgo es

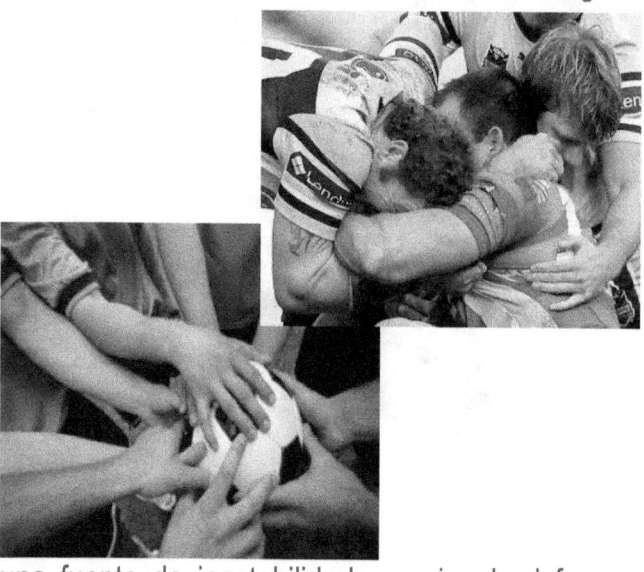

una fuente de inestabilidad emocional, el fracaso un trauma y el éxito la alegría de la meta cumplida.

Empleo y conexión

Este es un punto donde hay distinciones muy interesantes. Los trabajadores de organizaciones donde las personas ven a la organización como una empresa (lo que en la exposición que hemos mantenido significa que confunden ambos conceptos) entienden que su deber es aportar su conocimiento y energía y que reciben a cambio una remuneración. Los trabajadores de organizaciones donde las personas se sienten miembros de una red, perciben conscientemente su participación en los emprendimientos de la organización y se sienten en alguna medida recompensados, personal y colectivamente, con los resultados obtenidos.

La experiencia humana de trabajar en red es radicalmente diferente de la experiencia de emplearse.

Participar en una organización no es lo mismo que trabajar en una empresa.

Ahora bien, todos los seres humanos que están en capacidad de hacerlo, para estar saludables, buscan trabajar. Sin embargo, algunos buscan "empleos" y terminan siendo "empleados". Otros buscan conectarse con emprendimientos interesantes que, en alguna medida razonable, los recompensen integralmente en forma satisfactoria.

Una empresa tradicional tiene un departamento, unidad o rol encargada de recursos humanos que, entre otras cosas, ofrecen empleos a los que lo buscan.

Una organización de red genera mecanismos de atracción bidireccionales que promueven desde el comienzo mecanismos de conexión y relaciones mutuamente satisfactorias. No es lo mismo emplearse que conectarse con una red para trabajar en un emprendimiento. No es la misma experiencia profesional ni humana. Participar en una organización, trabajando dentro de ella, no es lo mismo que trabajar en una empresa y es más distante aún de emplearse.

En las redes cada equipo es una celda que establece relaciones con otras celdas y esto crea rápidamente un ecosistema inteligente.

Emprendimiento y organización en red
El emprendimiento trabaja de un modo natural con las organizaciones que operan con dinámicas de redes. En las redes cada equipo es una celda con

inteligencia que establece relaciones con otras celdas inteligentes y esto crea rápidamente un ecosistema que promueve naturalmente trabajo motivado comprometido, comunicación, reflexión, mejora continua y motivación, y todos estos son combustibles para el emprendimiento.

Como se señaló en los primeros capítulos, hay también una práctica contraria: muchas veces las personas con espíritu emprendedor son "educadas" con un modelo que confunde organización y figura jurídica y en ese contexto, se promueve el emprendimiento como una figura jurídica empresarial y no como una organización

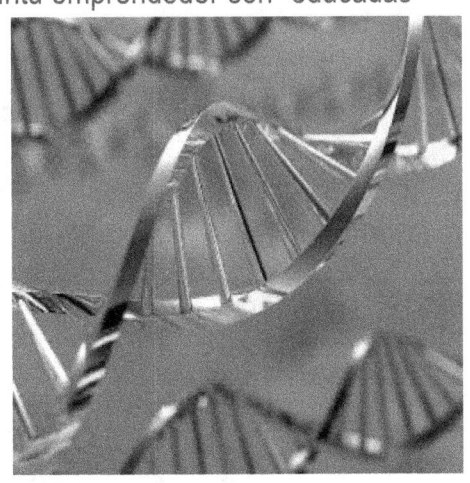

que se expresa a través de una figura empresarial. Esto hace que las relaciones laborales en el emprendimiento tiendan a reducirse a lo establecido dentro del modelo de empleados con el que trabaja la figura jurídica empresarial. La práctica cotidiana de ese último modelo tiende en algún momento a convertirse en la práctica dominante y con ello se frena la diversidad de las relaciones propias de los equipos emprendedores, afectando el propio emprendimiento.

Por esta razón, la mejor manera de promover un ambiente de emprendimiento es promoviendo ecosistemas donde nodos con capacidad emprendedora generen dinámicamente sus relaciones, es decir, promoviendo organizaciones que operen interna y externamente bajo un modelo de redes.

Los problemas estructurales de la retribución en el modelo tradicional

La creación de valor genera beneficios, en tanto se ingresa más que lo que se egresa. Cuando hay beneficios el esfuerzo de la creación de valor puede tener una retribución.

En un modelo tradicional la empresa tiene unos socios capitalistas y unos trabajadores empleados que reciben una retribución, esencialmente fija, por su trabajo. Los socios capitalistas corren el riesgo de perder su dinero, total o parcialmente, pero si las cosas van bien, reciben los beneficios derivados de que los ingresos productos de las ventas y estas son significativamente mayores que los costos de producción, incluyendo gastos fijos, costos variables y el pago a los trabajadores empleados.

Los trabajadores no tienen la capacidad de inversión de los capitalistas o su disposición al riesgo, pero manejan un conocimiento y una capacidad de trabajo que resulta útil en aspectos

 concretos del proceso de creación de valor. Por ello trabajan y reciben un sueldo, esencialmente fijo, como retribución a su aporte.

Para que la empresa, como un todo, esté interesada en mejorar su productividad, muchas veces se trata de crear incentivos entre los trabajadores, ofreciéndoles adicionalmente a su sueldo un ingreso variable dependiendo del cumplimiento de ciertas metas, con el problema de que las metas no tienen por qué traducirse en resultados financieros favorables.

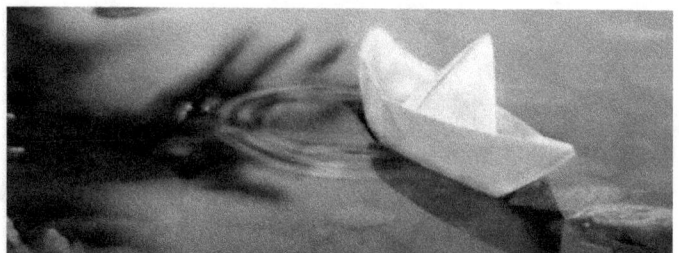

El reparto de una parte de los beneficios entre los trabajadores empleados siempre presentará problemas en su implementación

También se establecen beneficios a trabajadores como un porcentaje de los resultados en un cierto período de tiempo, por ejemplo, un año, pero esto suele no ser claramente visible o manejable para muchos de ellos, que preferirían un incremento proporcionalmente menor en el sueldo fijo que reciben, con tal de que este sea percibido en forma segura y regular, pero esta idea desvirtúa la naturaleza del beneficio y lo convierte en un costo fijo independiente de todo riesgo, es decir, en un contrasentido.

El reparto de una parte de los beneficios entre los trabajadores empleados siempre tiene, por tanto, problemas estructurales que se presentan en forma evidente en los detalles de su implementación.

Se suma a lo anterior el hecho de que, de un modo natural, hay comportamientos que están relacionados con los roles en el proceso productivo: sólo capitalista, capitalista y trabajador, trabajador gerente, trabajador sin riesgos, etc. Hay también comportamientos que están ligados a las personas, sus caracteres, su historia personal, su momento actual. Lo cierto es que por distintas y a veces muy variadas razones hay siempre personas muy dadas a tomar riesgos, personas que están poco inclinadas a tomar riesgos y personas que no quisieran en absoluto ningún riesgo. Hay también distintas capacidades de trabajo, distintos grados de compromiso, distinta madurez ante las vicisitudes, etc.

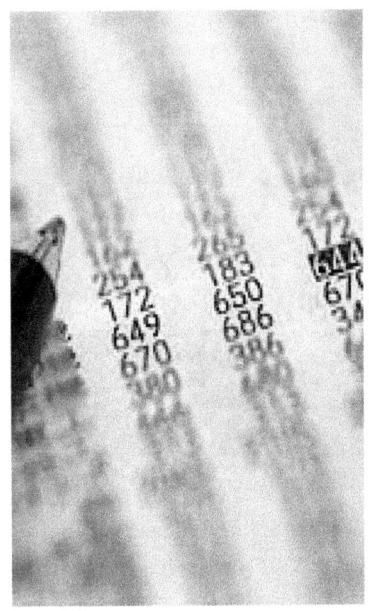

Todo lo anterior significa que el problema de la retribución del trabajo y el reparto de beneficios es siempre un tema complicado, álgido, donde las soluciones concretas siempre tienen un cierto grado de pragmatismo que las aparta del ideal.

Reparto de utilidades y modelos de organización

En un modelo tradicional, las utilidades se reparten en la empresa, no en la organización ya que esta última se entiende que es lo mismo que la empresa. Esto significa que las utilidades se reparten en forma rígida entre los socios capitalistas de acuerdo a los aportes de capital expresados en los estatutos vigentes, sin tomar en cuenta en forma transparente la contribución de los diversos equipos en la creación de valor, ya que sólo se lleva la administración de la empresa.

Esto último (la imposibilidad de desagregar los

componentes de la creación de valor) no es un obstáculo menor: Incluso si se pretende otra cosa, no se tiene en un modelo tradicional una alternativa, clara, que permita hacer las cosas en forma diferente. Por ejemplo, se puede repartir un porcentaje de la utilidad entre algunos o todos los empleados, pero la manera concreta de hacerlo con alguna justicia y transparencia es siempre complicada, como se mostró anteriormente.

En una organización que funciona con un modelo de red hay más posibilidades de manejar esquemas de retribución variable tomando en cuenta las distintas contribuciones a la creación de valor.

En una organización de tipo empresarial que funciona con un modelo de red con una administración impecable, en los términos expuestos en el capítulo anterior, hay más posibilidades de manejar esquemas de retribución variables de acuerdo a las contribuciones de los distintos nodos o equipos en la creación de valor.

En primer lugar, el tener una administración que separa la organización de la figura jurídica, abre la posibilidad de considerar, de un modo natural, el reparto de utilidades en términos de la organización y no en términos de la figura jurídica.

En segundo lugar, el tener una administración que detalla y distribuye proporcionalmente cada egreso y cada ingreso abre la posibilidad de entender y comunicar cada aspecto involucrado en la creación de valor.

En tercer lugar, la organización de red, con una administración impecable en los términos descritos en el capítulo anterior y un ambiente que estimula la conversación franca sobre hechos y datos, tiende a crear conciencia de costos y conciencia de equipo.

Es siempre fácil saber todo lo que se consolida o desagrega en cada número de un balance de resultados y eso tiende a crear 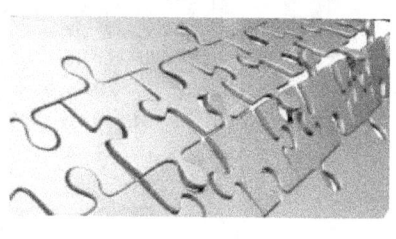 un ambiente de negocios y de producción más participativo.

Lo que si tiene que manejarse es que, por definición, la cultura de la red debe estar siempre refinándose a través de iteraciones que hagan los instrumentos más claros, más precisos, más documentados, porque de no ser así, las virtudes de la organización en red se irán 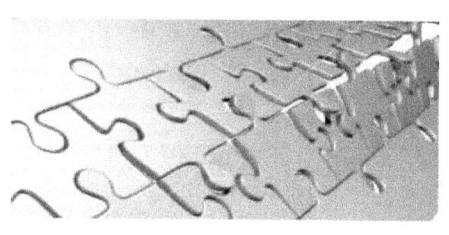 diluyendo en posiciones acomodaticias y las pasiones naturales, no siempre diáfanas, de los seres y colectivos humanos, aflorarán para expresarse en forma no racional.

La transición a un modelo de red

¿Qué hacer cuando se está dentro de un emprendimiento en marcha y se quiere transitar a un modelo de red?

Lo primero es saber que se trata de una iniciativa absolutamente pertinente y completamente viable, si bien no es nada fácil ni inmediato.

Transformar un emprendimiento en marcha a un modelo de red es posible pero no fácil ni inmediato.

Cambio de cultura

1) Lo primero es saber que se trata de un proceso donde el cambio de cultura es crucial. Trabajadores empleados no operan bien dentro de un modelo de red, por lo que hay que desarrollar un proceso de transformación organizacional para migrar

la cultura corporativa a una cultura de red, es decir, se debe desarrollar progresivamente la cultura de trabajadores colaboradores que entienden que su equipo es un nodo interdependiente de los otros nodos integrantes de la red.

La transformación cultural tomará un tiempo y hay que estimular la reflexión y la conversación sobre lo que significa el cambio de cultura. El presente documento tiene entre sus motivaciones para escribirlo el ayudar a otras organizaciones a transitar el camino de su autotransformación.

El cambio de cultura es crucial para operar en red.

Administración y finanzas

2) En segundo lugar es importante tener claro que para el funcionamiento en red se requiere un nodo de Administración y Finanzas sólido, plenamente consciente de la naturaleza del cambio y con las capacidades operativas para llevar una administración que, como se señaló arriba, es mucho más detallada y compleja porque se requiere poder agregar y desagregar, de múltiples formas y a muchos niveles: de nodo, de organización, de figura jurídica.

Entre las primeras actividades a realizar debe ser el preparar el nodo de Administración y Finanzas para que pueda operar en los términos descritos en los capítulos anteriores.

Para el funcionamiento en red se requiere un nodo de Administración y Finanzas sólido, consciente y eficiente.

Estrategia

3) Lo tercero es entender que se necesita un equipo de estrategia que haga un seguimiento de los cambios e introduzca ideas para la sintonización del proceso de transformación con los objetivos que se persiguen con la misma.

Cambios como los que hablamos tienen tiempos característicos y es difícil que una organización que se ha pensado hasta ahora como una empresa, siguiendo un modelo más o menos tradicional, pueda migrar a una organización de red en menos de un año de trabajo consciente en esa dirección.

La transición a un modelo en red requiere un equipo de estrategia.

4) Es fundamental entender que nada en la vida es pura ganancia y que los partos con los que nace una organización a partir de otra plantean exigencias que no siempre son aceptables para todos los que participaron en el anterior modelo de organización. Es otras palabras, es

altamente probable que no todos los que construyeron una empresa estén ganados para manejarla bajo un modelo de red y esto debe entenderse.

5) Deben dedicarse recursos al problema de la gestión de competencias que se requieren bajo un modelo de red, donde la capacidad de comunicación, la responsabilidad, la coordinación y no sólo los aspectos técnicos son claves para el desempeño de la organización. Particular atención debe dedicarse a la formación de los líderes de los distintos nodos.

No todos trabajan bien en red y hay que manejar las nuevas competencias que se necesitan.

El lenguaje sí importa

Uno puede pensar que el lenguaje es un vehículo de externalización que sirve para comunicar los conceptos y que, así como podemos decir las mismas cosas con distintas palabras, en lo expuesto en los capítulos anteriores hay sólo un conjunto particular de palabras y por tanto una empresa podría desarrollar el mismo tipo de prácticas que hemos planteado usando conceptos articulados con otras palabras.

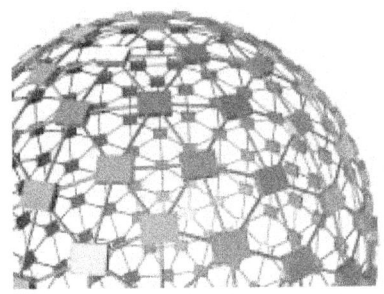

Esto puede ser parcialmente verdad pero hay restricciones, porque el lenguaje no es sólo un vehículo para comunicar conceptos, es una estructura para concebirlos, desarrollarlos y apropiarse de distinciones. Es una manera de representar la realizada que facilita o dificulta su transformación.

No es lo mismo un modelo tradicional que una organización en red. No es lo mismo trabajar basándose en organigramas, jerarquías y matrices funcionales que en nodos de una red. No es lo mismo una empresa que una organización de tipo empresarial (aunque ambas se expresen legalmente con un mismo tipo de figura jurídica).

No es lo mismo un producto que una marca, un trabajador colaborador de un emprendimiento que un trabajador empleado. No es lo mismo promover emprendimientos que promover emprendedores.

Si no manejamos palabras que nos proporcionen las distinciones simplemente confundimos los conceptos y acabamos limitando nuestro desempeño.

No necesariamente hay que usar las mismas palabras, pero si es importante manejar las distinciones: conocimiento es la capacidad de modelar y articular ideas haciendo distinciones.

Conocimiento es la capacidad de modelar y articular ideas haciendo distinciones

Un lenguaje para emprender V 1.0.3d

Las personas detrás de las ideas

Cómo mencionamos al comienzo, las ideas expuestas en este pequeño libro se han ido fraguando en conversaciones entre emprendedores que además de hacer emprendimientos reflexionamos acerca de ellos desde múltiples puntos de vistas.

Mencionamos a continuación las personas e instituciones con las que hemos mantenido una interacción muy directa en los últimos años y cuyas contribuciones están contenidas sin duda en las páginas precedentes.

Angelo Burgazzi

Emprendedor con genes y formación de emprendedor. Es además Ingeniero en Computación, Arquitecto de negocios y líder de iniciativas empresariales. Fundador y Presidente de DBACCESS (www.dbaccess.com), una organización latinoamericana con oficinas en Caracas, Chicago, Lima, Mérida y Ciudad de Panamá. Fundador de Accede.

Esteban Reyes

Emprendedor y *coach* ontológico empresarial. Es además Licenciado en Computación, fundador de varias PYMES y consultor empresarial dedicado a la gestión del talento y el liderazgo en organizaciones empresariales. Promotor del Centro Integral de Emprendimiento y fundador de Café con ser (cafeconser.wordpress.com) y Accede.

Fernando Yánez

Emprendedor, Arquitecto de Información y Gerente Empresarial. Es además Ingeniero Eléctrico, Fundador de varias PYMES, entre la que destaca HACER Sistemas, empresa especializada en Arquitectura de Información que desarrolla la familia de productos Alejandría (www.alejandria.biz).

José Gregorio Silva.

Emprendedor, Profesor de la Universidad de Los Andes, dedicado a temas de Arquitectura de Información, Calidad de Software, Emprendimiento e Innovación. Fundador de la Escuela de Innovación del Parque Tecnológico de Mérida (cptm.ula.ve/EscuelaInnovacion), Alejandría y Accede.

Mary Carmen Padrón

Emprendedora y *coach* ontológico empresarial. Es además Ingeniero Químico y fundadora de Cambio Fundamental (cambiofundamental.wordpress.com), una organización dedicada al apoyo a procesos de cambio en comunidades y organizaciones. Promotora del Centro Integral de Emprendimiento y Fundadora de Café con ser.

Accede

Organización sin fines de lucro (www.accede.la) dedicada a la promoción de emprendimiento, a la creación y gestión de "*Espacios de emprendimiento*" y la reflexión y desarrollo de conocimiento de gestión de redes emprendedoras.

CEISoft

Centro de Excelencia en Ingeniería de Software (www.ceisoft.org), una organización en red que apoya en el mejoramiento continuo de la calidad a organizaciones que usan el software en forma intensiva.

Parque Tecnológico de Mérida

Corporación sin fines de lucro (www.cptm.ula.ve) para el desarrollo de la Cultura Tecnológica creada por la Universidad de Los Andes en Mérida, Venezuela.

Universidad de Los Andes

Una universidad ubicada en los Andes Venezolanos (www.ula.ve) reconocida internacionalmente por sus iniciativas en el área de redes, sede de varias escuela latinoamericanas vinculadas con estas tecnologías.

Un lenguaje para emprender

"Cuando un emprendedor se inicia muchas veces busca ayuda y recibe un mensaje equivocado donde se confunden cuatro conceptos que le convendría distinguir: organización, empresa, producto y marca". Así comienza "Un lenguaje para emprender", un texto que sintetiza ideas maduradas por emprendedores que han reflexionado sobre sus emprendimientos. En este pequeño libro se presenta un lenguaje y un modelo que resulta de gran interés para todos aquellos que se motivan con el emprendimiento, la creación de valor y las organizaciones que operan en red.

Una ventana a la innovación

Introduce en un lenguaje sencillo los temas fundamentales de la innovación, qué es y qué no es, sus mitos, sus logros, sus fuentes, la relación con la organización, su dinámica. Interesante y a ameno, la experiencia del autor como facilitador de procesos de formación en equipos emprendedores le ha permitido crear un material que realmente simplifica la compresión de los conceptos básicos sobre innovación y motiva a transitar o continuar ese camino.